Motto

Um den richtigen Hund auszuwählen,
sollte man die Hunde vergleichen!
Aussehen und Eigenschaften zählen,
um einen "Fehleinkauf" zu vermeiden!

"Ein Leben ohne Mops ist möglich,
aber sinnlos"

(Loriot)

Affenpinscher

Lebenserwartung: 12-14 Jahre
Widerristhöhe: 24-28 cm
Fellfarbe: Schwarz, Grauschattierung
Bewegung: 20-40 Min / Tag
Fellpflege: 1 mal /Woche
Gesundheit: keine spezifische Probleme
Ernährung: mehrmals kleine Portionen
Platzbedarf: jede Wohnungsgröße
Kindertauglich: ja
Training: schlau, Agility tauglich

Afghanischer Windhund

Lebenserwartung:	12 - 14 Jahre
Widerristhöhe:	63 - 74 cm
Fellfarbe:	viele Farben
Bewegung:	mindestens 2 Std. / Tag
Fellpflege:	1 mal / Tag
Gesundheit:	evtl. Blähungen
Ernährung:	mehrmals kleine Portionen
Platzbedarf:	jede Wohnungsgröße
Kindertauglich:	ja, unter Aufsicht
Training:	Rückruf muss trainiert sein

Airedale Terrier

Lebenserwartung:	10 - 12 Jahre
Widerristhöhe:	58 - 61 cm
Fellfarbe:	Schwarz und Hellbraun
Bewegung:	1,5-2 Std. / Tag
Fellpflege:	1 mal / täglich
Gesundheit:	evtl. Hüftgelenksdysplasie
Ernährung:	zweimal täglich, Wasser
Platzbedarf:	grßes Haus, Garten
Kindertauglich:	ja, unter Aufsicht
Training:	schlau, Agility tauglich

Akita Inu

Lebenserwartung:	10 - 12 Jahre
Widerristhöhe:	64 - 70 cm
Fellfarbe:	Weiß / Sesam
Bewegung:	1-2 Std. / täglch
Fellpflege:	2-3 mal bürsten / Tag
Gesundheit:	kein hypoallergene Rasse
Ernährung:	mehrmals am Tag verteilt
Platzbedarf:	große Wohnung / Garten
Kindertauglich:	ja, unter Aufsicht
Training:	braucht Training

Alaskan Husky

Lebenserwartung:	12 - 14 Jahre
Widerristhöhe:	50 - 60 cm
Fellfarbe:	Schwarz, Grauschattierung
Bewegung:	hoher Bewegungsbedarf
Fellpflege:	pflegeleicht, genügsam
Gesundheit:	Enzephalopathie
Ernährung:	ausreichend und Wasser
Platzbedarf:	viel Bewegungsdrang
Kindertauglich:	ja, unter Aufsicht
Training:	schlau, Agility tauglich

Alaskan Klee Kai

Lebenserwartung:	12 - 16 Jahre
Widerristhöhe:	33 - 43 cm
Fellfarbe:	Schwarz-, Rot-, Grau-Weiß
Bewegung:	hoher Bewegungsbedarf
Fellpflege:	pflegeleicht, selten bürsten
Gesundheit:	Leber, Herz, Schilddrüse
Ernährung:	nicht wählerisch
Platzbedarf:	viel Bewegungsdrang
Kindertauglich:	ja, unter Aufsicht
Training:	schlau, Agility tauglich

Alaskan Malamute

Lebenserwartung:	12 - 15 Jahre
Widerristhöhe:	58 - 71cm
Fellfarbe:	Weiß-Hellgrau und Rotbraun
Bewegung:	hoher Bewegungsbedarf
Fellpflege:	täglich bürsten
Gesundheit:	Augen, Hüftgelenk
Ernährung:	großer Appetit, vielmals wenig
Platzbedarf:	großes Haus, Garten
Kindertauglich:	ja, unter Aufsicht
Training:	Trainingskurs für Manieren

Alopekis

Lebenserwartung: 14 - 16 Jahre
Widerristhöhe: 20 - 30 cm
Fellfarbe: Schwarz, Orange, Braun, u.v.m.
Bewegung: hoher Bewegungsbedarf
Fellpflege: regelmäßig bürsten
Gesundheit: Patellaluxation, Zahn, Krebs
Ernährung: mittlere Mengen
Platzbedarf: viel Bewegungsdrang
Kindertauglich: ja, unter Aufsicht
Training: schlau, Agility tauglich

Altdeutscher Schäferhund

Lebenserwartung: 12 - 14 Jahre
Widerristhöhe: 55 - 65 cm
Fellfarbe: Schwarz-Grau,-Rotbraun
Bewegung: hoher Bewegungsbedarf
Fellpflege: 2 - 3 mal / Woche bürsten
Gesundheit: Hüft-, Ellbogendysplasie
Ernährung: 70% Fleisch,30% Obst,Gemüse
Platzbedarf: Haus mit Garten
Kindertauglich: ja, kinderfreundlich
Training: schlau, Agility, Obedience

American Akita

Lebenserwartung: 11 - 13 Jahre
Widerristhöhe: 61 - 71 cm
Fellfarbe: verschiedene Farben
Bewegung: hoher Bewegungsbedarf
Fellpflege: häufiges bürsten, Fellwechsel
Gesundheit: Hüftdysplasie
Ernährung: fleischiges, Knochen
Platzbedarf: viel Bewegungsdrang
Kindertauglich: ja, unter Aufsicht
Training: schlau, Agility tauglich

American Bulldog

Lebenserwartung:	10 - 15 Jahre
Widerristhöhe:	50 - 70 cm
Fellfarbe:	Schwarz, Fab, Rot, Pfahl
Bewegung:	hoher Bewegungsbedarf
Fellpflege:	pflegeleicht, genügsam
Gesundheit:	Hüftdysplasie
Ernährung:	nicht zu fettig, Kalorienarm
Platzbedarf:	viel Bewegungsdrang
Kindertauglich:	ja, unter Aufsicht
Training:	schlau, Trailing

American Bully

Lebenserwartung:	8 - 13 Jahre
Widerristhöhe:	36 - 57 cm
Fellfarbe:	Schwarz,Orange,Weiß, Braun
Bewegung:	gelenkschonende Art
Fellpflege:	mehrmals die Woche
Gesundheit:	Hüft-, Gelenkdysplasie
Ernährung:	proteinhaltig
Platzbedarf:	viel Bewegungsdrang
Kindertauglich:	ja, unter Aufsicht
Training:	feinfühlig, selbstsicher

American Cocker Spaniel

Lebenserwartung:	12 - 15 Jahre
Widerristhöhe:	34 - 39 cm
Fellfarbe:	Schwarz, Braun, Rot, Golden
Bewegung:	2 Std. Bewegung / Tag
Fellpflege:	tägliches bürsten
Gesundheit:	Patella Luxation, Dysplasie
Ernährung:	mehrmals amTag, wenig
Platzbedarf:	viel Bewegungsdrang
Kindertauglich:	ja, unter Aufsicht
Training:	Hundesportarten tauglich

American Foxhund

Lebenserwartung:	12 - 15 Jahre
Widerristhöhe:	53 - 64 cm
Fellfarbe:	Schwarz, dreifarbig
Bewegung:	viel Bewegung / Tag
Fellpflege:	täglich bürsten
Gesundheit:	robust
Ernährung:	mehrmals amTag, Fleisch
Platzbedarf:	viel Bewegungsdrang
Kindertauglich:	ja, unter Aufsicht
Training:	Hundesportarten, Obedience

American Hairless Terrier

Lebenserwartung:	12 - 14 Jahre
Widerristhöhe:	20 - 40 cm
Farbe:	Viele Farben
Bewegung:	viel Bewegung, quirlig
Hautpflege:	Schutz gegen Sonne, Kälte
Gesundheit:	robust
Ernährung:	Trocken- als auch Naßfutter
Platzbedarf:	viel Bewegungsdrang
Kindertauglich:	ja,
Training:	Agility, Obedience tauglich

American Pit Bull Terrier

Lebenserwartung: 12 - 13 Jahre
Widerristhöhe: 48 - 52 cm
Farbe: Viele Farben
Bewegung: viel Bewegung, quirlig
Fellpflege: wöchentlich bürsten
Gesundheit: Hüft- und Hauterkrankung
Ernährung: Proteinreich, Knochen
Platzbedarf: hohe Bewegungsdrang
Kindertauglich: nur für erfahrene Halter
Training: intelligent, lernfähig

American Staffordshire Terrier

Lebenserwartung:	12 - 16 Jahre
Widerristhöhe:	43 - 48 cm
Farbe:	Viele Farben
Bewegung:	viel Bewegung
Fellpflege:	regelmäßig bürsten
Gesundheit:	neigt zu Herzerkrankung
Ernährung:	Proteinreich, wenig Fett
Platzbedarf:	hohe Bewegungsdrang
Kindertauglich:	ja
Training:	intelligent, lernfähig

American Water Spaniel

Lebenserwartung:	13 - 15 Jahre
Widerristhöhe:	38 - 46 cm
Farbe:	Braunschattierungen
Bewegung:	viel Bewegung
Fellpflege:	täglich bürsten
Gesundheit:	robust
Ernährung:	Ausgewogene, dosierte Kost
Platzbedarf:	hohe Bewegungsdrang
Kindertauglich:	ja
Training:	intelligent, lernfähig

Anatolischer Hirtenhund

Lebenserwartung:	10 - 13 Jahre
Widerristhöhe:	71 - 81 cm
Farbe:	Weiß, Bisquit, Leberbraun
Bewegung:	viel Bewegung
Fellpflege:	pflegeleicht, bürsten
Gesundheit:	robust
Ernährung:	Ausgewogene, Trockenfutter
Platzbedarf:	viel Bewegung
Kindertauglich:	ja
Training:	intelligent, lernfähig

Appenzeller Sennenhund

Lebenserwartung:	12 - 14 Jahre
Widerristhöhe:	50 - 56 cm
Farbe:	Schwarz,Tri, Red Tri
Bewegung:	lebendig, energisch
Fellpflege:	pflegeleicht, selten bürsten
Gesundheit:	Hüftgelenkdysplasie
Ernährung:	ausgewogene, Trockenfutter
Platzbedarf:	viel Bewegung
Kindertauglich:	ja
Training:	intelligent, lernfähig, Agility

Australian Cattle Dog

Lebenserwartung: 13 - 15 Jahre
Widerristhöhe: 43 - 51 cm
Farbe: Blau, Blau-Hellbraun, Rot
Bewegung: lebendig, 2 Std/Tag
Fellpflege: pflegeleicht, selten bürsten
Gesundheit: robust, evtl. Hüftgelenk,Auge
Ernährung: ausgewogene, Wasser
Platzbedarf: viel Bewegung, Hof und Garten
Kindertauglich: ja, unter Aufsicht
Training: intelligent, lernfähig, Agility

Australian Kelpie

Lebenserwartung: 12 - 15 Jahre
Widerristhöhe: 43 - 51 cm
Farbe: Kitz, Schwarz-Braun, Blau
Bewegung: lebendig, temperamentvoll
Fellpflege: pflegeleicht, selten bürsten
Gesundheit: robust, zerebraler Abiotropie
Ernährung: reichhaltig und Wasser
Platzbedarf: viel Bewegung, Hof und Garten
Kindertauglich: ja,
Training: intelligent, Frisbee, agility

Australian Koolie

Lebenserwartung: 14 - 18 Jahre
Widerristhöhe: 40 - 60 cm
Farbe: Merle - Schwarz, -Red, - Blue
Bewegung: lebendig, temperamentvoll
Fellpflege: pflegeleicht, selten bürsten
Gesundheit: Merle-Gen, Taubheit, Blindheit
Ernährung: reichhaltig und nährstoffreich
Platzbedarf: hohe Bewegungsbedarf
Kindertauglich: ja, durch Sozialisation
Training: intelligent, Agility

Australian Shepherd

Lebenserwartung:	13 - 15 Jahre
Widerristhöhe:	46 - 58 cm
Farbe:	Merle Faktor,Red-,Black- Merle
Bewegung:	lebendig, > 2 Std./Tag
Fellpflege:	2 -3 bürsten / Woche
Gesundheit:	robust, nicht Hypoallergen
Ernährung:	2 mal / Tag und Wasser
Platzbedarf:	viel Bewegung, Hof und Garten
Kindertauglich:	dazu braucht Training
Training:	am besten in Welpenalter

Australian Stumpy Tail Cattle Dog

Lebenserwartung: 13 - 15 Jahre
Widerristhöhe: 12 - 14 cm
Farbe: Blau-gesprenkelt,-getüpfelt, rot
Bewegung: lebendig,
Fellpflege: pflegeleicht. selten bürsten
Gesundheit: selten Taubheit, Augenkrank
Ernährung: Knochen und Fleisch
Platzbedarf: viel Bewegung, Hof und Garten
Kindertauglich: dazu braucht Training
Training: am besten in Welpenalter

Australian Terrier

Lebenserwartung: 12 - 15 Jahre
Widerristhöhe: 23 - 28 cm
Fellfarbe: Sand, Rot. Blau, Loh
Bewegung: 1 Std./Tag
Fellpflege: 1. mal/Woche bürsten
Gesundheit: frei von erblichen Probleme
Ernährung: mehrere kleine Portionen/Tag
Platzbedarf: viel Bewegungsdrang
Kindertauglich: ja,
Training: schlau, Agility, Obedience

Azawakh

Lebenserwartung:	10 - 12 Jahre
Widerristhöhe:	61 - 74 cm
Fellfarbe:	Schwarz, Stromung, Fawn
Bewegung:	sehr aktiv, viel Bewegung
Fellpflege:	1. mal/Woche bürsten
Gesundheit:	Gelenk und Knochen,Allergie
Ernährung:	Fleisch, keine Soja,Getreide
Platzbedarf:	viel Bewegungsdrang
Kindertauglich:	ja,
Training:	schlau, Agility, Obedience

Bandog

Lebenserwartung:	8 - 10 Jahre
Widerristhöhe:	51 - 76 cm
Fellfarbe:	Schwarz, Stromung, Reh, Sand
Bewegung:	viel Bewegung, Beschäftigung
Fellpflege:	paarmal / Woche
Gesundheit:	Hüftdysplasie, Augen
Ernährung:	viel Fleisch ohne Getreide
Platzbedarf:	viel Bewegungsdrang
Kindertauglich:	ja, unter Aufsicht
Training:	schlau,Wach-, Jagdhund

Barbet

Lebenserwartung:	13 - 15 Jahre
Widerristhöhe:	52 - 66 cm
Fellfarbe:	Schwarz, Weiß, Reh, Brown
Bewegung:	aktiv, Beschäftigung
Fellpflege:	paarmal/Woche bürsten
Gesundheit:	Hüftdysplasie, Augen
Ernährung:	Trocken-, Naßfutter
Platzbedarf:	viel Bewegungsdrang
Kindertauglich:	ja,
Training:	schlau, Wasserhund

Barsoi

Lebenserwartung:	7 - 10 Jahre
Widerristhöhe:	68 - 85 cm
Fellfarbe:	Schwarz, Weiß, Reh, Gold
Bewegung:	1 - 2 Std./Tag
Fellpflege:	paarmal / Woche bürsten
Gesundheit:	Myelopathie
Ernährung:	große Appetit
Platzbedarf:	Garten, keine Treppe
Kindertauglich:	ja, nach Erziehung
Training:	Fahrradlaufen, Jogging

Basenji

Lebenserwartung:	12 - 16 Jahre
Widerristhöhe:	38 - 43 cm
Fellfarbe:	Schwarz-Weiß, Loh, Rot
Bewegung:	mindestens 1 Std. / Tag
Fellpflege:	pflegeleicht, 1 mal / Woche
Gesundheit:	Gesunder, robuster Urhund
Ernährung:	keine besondere Ansprüche
Platzbedarf:	ruhiger Hund
Kindertauglich:	ja, unter Aufsicht
Training:	schlau, früh anfangen

Basset Hound

Lebenserwartung:	10 - 12 Jahre
Widerristhöhe:	33 - 38 cm
Fellfarbe:	Gelb-, Braun-, Schwarz-Weiß
Bewegung:	mindestens 1,5 Std. / Tag
Fellpflege:	pflegeleicht,1 mal / Woche
Gesundheit:	Wirbelsäule-, Gelenkprobleme
Ernährung:	fleischreich, getreidearm
Platzbedarf:	geselliger, ruhiger Hund
Kindertauglich:	ja
Training:	schlau, eigenwillig

Bayerischer Gebirgschweißhund

Lebenserwartung:	10 - 12 Jahre
Widerristhöhe:	44 - 52 cm
Fellfarbe:	Stromung, Loh, Biscuit
Bewegung:	hoher Bewegungsbedarf
Fellpflege:	pflegeleicht, genügsam
Gesundheit:	robust
Ernährung:	ausreichend und Wasser
Platzbedarf:	viel Bewegungsdrang
Kindertauglich:	ja, Familienhund
Training:	schlau, Agility tauglich

Beagle

Lebenserwartung:	12 - 15 Jahre
Widerristhöhe:	33 - 41 cm
Fellfarbe:	Gelb-Weiß, Dreifarbig
Bewegung:	mindestens 2 Std. / Tag
Fellpflege:	zweimal / Woche bürsten
Gesundheit:	Hüfte, Epilepsie
Ernährung:	mageres Fleisch und Wasser
Platzbedarf:	ausgeglichen, neugierig
Kindertauglich:	ja, Familienhund
Training:	schlau, Agility tauglich

Beagle Harrier

Lebenserwartung: 12 - 13 Jahre
Widerristhöhe: 45 - 50 cm
Fellfarbe: Dreifarbig, Grey-Tricolor
Bewegung: 1 Std. / Tag
Fellpflege: 2 - 3 mal / Woche bürsten
Gesundheit: Hüftdysplasie, Gelenke
Ernährung: 1 Tasse hochwertiges Futter
Platzbedarf: viel Bewegung, Forderung
Kindertauglich: ja
Training: schlau, Agility, Obedience

Bearded Collie

Lebenserwartung: 14 - 15 Jahre
Widerristhöhe: 51 - 56 cm
Fellfarbe: Dreifarbig, Schwarz, Rehfarbe
Bewegung: 1,5 Std. / Tag
Fellpflege: 2-3 mal / Woche bürsten
Gesundheit: Hüftdysplasie, Gelenke
Ernährung: 400gr. Fleisch / Tag , Wasser
Platzbedarf: viel Bewegung, Forderung
Kindertauglich: ja
Training: schlau, Agility, Spiele

Beauceron

Lebenserwartung:	10 - 12 Jahre
Widerristhöhe:	64 - 71 cm
Fellfarbe:	Schwarz-Loh, Harlekin
Bewegung:	mindestens 2 Std. / Tag
Fellpflege:	pflegeleicht, 2 mal/Jahr
Gesundheit:	keine typische Krankheiten
Ernährung:	Knochen, Fleisch und Wasser
Platzbedarf:	viel Bewegungsdrang
Kindertauglich:	ja
Training:	schlau, Agility tauglich

Bedlington Terrier

Lebenserwartung:	12 - 14 Jahre
Widerristhöhe:	38 - 44 cm
Fellfarbe:	Blau-Loh, Leber-, Sand- farben
Bewegung:	mindestens 1,5 Std. / Tag
Fellpflege:	täglich bürsten
Gesundheit:	Hüft- ,Ellbogen - dysplasie
Ernährung:	Trockenfutter, Knochen
Platzbedarf:	Bewegungsdrang
Kindertauglich:	ja
Training:	schlau, Agility tauglich

Belgischer Schäferhund

Lebenserwartung: 10 - 14 Jahre
Widerristhöhe: 56 - 66 cm
Fellfarbe: Loh, Mahagoni, Schw.-Maske
Bewegung: lebhaft, 2 Std. / Tag
Fellpflege: 1 mal / Woche bürsten
Gesundheit: Hüftdysplasie
Ernährung: Fleisch, Rinderknochen
Platzbedarf: temperamentvoll
Kindertauglich: ja, Familienhund
Training: schlau, Agility, Dog Dancing

Bergamasker Hirtenhund

Lebenserwartung: 13 - 15 Jahre
Widerristhöhe: 54 - 62 cm
Fellfarbe: Schwarz, Reh, Silbergrau
Bewegung: 2 Std. / Tag
Fellpflege: 1 mal/Woche bürsten, kürzen
Gesundheit: robust, vital
Ernährung: fertigfutter und Wasser
Platzbedarf: viel Bewegungsdrang
Kindertauglich: eher nein
Training: schlau, eigenwillig

Berger Blanc Suisse

Lebenserwartung: 10 - 14 Jahre
Widerristhöhe: 55 - 66 cm
Fellfarbe: Weiß
Bewegung: >2 Std. / Tag
Fellpflege: plegeleicht, Selten bürsten
Gesundheit: Hüftdysplasie, Augen
Ernährung: fertigfutter und Wasser
Platzbedarf: viel Bewegungsdrang
Kindertauglich: ja, perfekter Familienhund
Training: schlau, Agility

Berger Picard

Lebenserwartung:	12 - 13 Jahre
Widerristhöhe:	55 - 65 cm
Fellfarbe:	Rehfarbe, Grau
Bewegung:	>2 Std. / Tag, energiegeladen
Fellpflege:	plegeleicht, leicht bürsten
Gesundheit:	robust, gesunde Rasse
Ernährung:	ausreichend, ohne Ansprüche
Platzbedarf:	viel Bewegungsdrang
Kindertauglich:	ja, perfekter Familienhund
Training:	schlau, Agility, Obedience

Bernedoodle

Lebenserwartung:	12 - 18 Jahre
Widerristhöhe:	45 - 70 cm
Fellfarbe:	Weiß, Braun, Schwarz
Bewegung:	1 Std. / Tag
Fellpflege:	täglich bürsten
Gesundheit:	Hüft-, Ellbogendysplasie
Ernährung:	gestafelt, je nach Alter
Platzbedarf:	genügsam
Kindertauglich:	ja, perfekter Familienhund
Training:	schlau, Obedience

Berner Sennenhund

Lebenserwartung:	7 - 9 Jahre
Widerristhöhe:	58 - 70 cm
Fellfarbe:	Schwarz Tri
Bewegung:	1,5 Std. / Tag
Fellpflege:	wöchentlich gründlich bürsten
Gesundheit:	Hüftdysplasie, Niere
Ernährung:	Nach Barf Prinzip und Wasser
Platzbedarf:	viel Bewegungsdrang
Kindertauglich:	ja
Training:	schlau, Agility tauglich

Bernhardiner

Lebenserwartung: 8 - 10 Jahre
Widerristhöhe: 65 - 90 cm
Fellfarbe: Rot-Weiß, Reddish-Brown
Bewegung: 1 Std. / Tag
Fellpflege: mehrmals / Woche bürsten
Gesundheit: Arthrose, Arthritis
Ernährung: Barf , Trockenfutter, Wasser
Platzbedarf: viel Platz, Garten
Kindertauglich: ja, braucht Eingewöhnung
Training: schlau, aufgeweckter Hund

Brison Frisé

Lebenserwartung:	12 - 15 Jahre
Widerristhöhe:	23 - 30 cm
Fellfarbe:	Weiß, Weiß-Cream, -Apricot
Bewegung:	1 Std. / Tag
Fellpflege:	tägliche Fellpflege
Gesundheit:	evtl. Patellaluxation
Ernährung:	frisches Fleisch, genügsam
Platzbedarf:	Kleinhund, wenig Platz
Kindertauglich:	ja, braucht Eingewöhnung
Training:	schlau, Agility, Obedience

Black and Tan Coonhound

Lebenserwartung:	10 - 12 Jahre
Widerristhöhe:	58 - 69 cm
Fellfarbe:	Schwarz und Loh
Bewegung:	viel Bewegung
Fellpflege:	wöchentlich bürsten
Gesundheit:	evtl. Hüftdysplasie
Ernährung:	Fleisch 70 %, Reis, Gemüse
Platzbedarf:	viel Platz, Auslauf
Kindertauglich:	ja, Familienhund
Training:	schlau, beweglich, Mantrailer

Bloodhound

Lebenserwartung: 10 - 12 Jahre
Widerristhöhe: 58 - 69 cm
Fellfarbe: Schwarz und Loh, Leber, Sand
Bewegung: 2 Std. / Tag
Fellpflege: gelegentlich bürsten
Gesundheit: Augenentzündung
Ernährung: mehrere kleine Portionen
Platzbedarf: viel Platz, Auslauf
Kindertauglich: ja, unter Aufsicht
Training: schlau, Mantrailer

Bobtail

Lebenserwartung:	10 - 12 Jahre
Widerristhöhe:	51 - 61 cm
Fellfarbe:	Graufarben, Grizzle, Blau
Bewegung:	2 Std. / Tag
Fellpflege:	regelmäßig bürsten
Gesundheit:	Augenentzündung, Hüfte
Ernährung:	mehrere kleine Portionen
Platzbedarf:	viel Platz, Auslauf, Garten
Kindertauglich:	ja, unter Aufsicht
Training:	schlau, an der Leine laufen

Boerboel

Lebenserwartung:	10 - 12 Jahre
Widerristhöhe:	56 - 69 cm
Fellfarbe:	Schwarz, Stromung, Reh
Bewegung:	2-3 Std. / Tag
Fellpflege:	1 mal / Woche bürsten
Gesundheit:	Hüft-, Ellbogendysplasie
Ernährung:	mehrere kleine Portionen
Platzbedarf:	viel Platz, Auslauf, Garten
Kindertauglich:	ja, unter Aufsicht
Training:	schlau, Agility, Obedience

Bologneser

Lebenserwartung:	12 - 14 Jahre
Widerristhöhe:	25 - 31 cm
Fellfarbe:	Weiß
Bewegung:	0,5 Std. / Tag
Fellpflege:	täglich bürsten
Gesundheit:	keine spezifische Leiden
Ernährung:	mehrere kleine Portionen
Platzbedarf:	viel Platz, Auslauf, Garten
Kindertauglich:	ja, unter Aufsicht
Training:	schlau, Spiele, Apport

Bolonka Zwetna

Lebenserwartung:	13 - 15 Jahre
Widerristhöhe:	24 - 26 cm
Fellfarbe:	Schwarz-Weiß, Braun, Zobel
Bewegung:	2 Std. / Tag
Fellpflege:	regelmäßig bürsten
Gesundheit:	robust, evtl. Patellaluxation
Ernährung:	mehrere kleine Portionen
Platzbedarf:	Wohnungshund
Kindertauglich:	ja, nach Sozialisation
Training:	schlau, Agility, ehrgeizig

Bordeaux Dogge

Lebenserwartung:	5 - 8 Jahre
Widerristhöhe:	57 - 67 cm
Fellfarbe:	Reh, Mahagoni, Rot
Bewegung:	2-3 Std. / Tag
Fellpflege:	1 mal / Woche bürsten
Gesundheit:	Hüft- , Ellbogendysplasie
Ernährung:	Trockenfutter ca. 1kg / Tag
Platzbedarf:	Große Wohnung, Garten
Kindertauglich:	ja, nach Sozialisation
Training:	schlau, joggen, fahrradfahren

Border Collie

Lebenserwartung:	12 - 15 Jahre
Widerristhöhe:	46 - 56 cm
Fellfarbe:	Schwarz, Blau, Merle, Leber
Bewegung:	2-3 Std. / Tag
Fellpflege:	regelmäßig bürsten
Gesundheit:	Hüftdysplasie, Augen
Ernährung:	Trocken- und Dosenfutter
Platzbedarf:	Große Wohnung, Garten
Kindertauglich:	ja, Familienhund
Training:	schlau, Agility, Spiele

Border Terrier

Lebenserwartung:	12 - 15 Jahre
Widerristhöhe:	28 - 40 cm
Fellfarbe:	Blau-Loh, Weizen, Melliert
Bewegung:	2 Std. / Tag
Fellpflege:	regelmäßig bürsten
Gesundheit:	Epilepsie, Herzkrankheit
Ernährung:	Trockenfutter, Nassfutter
Platzbedarf:	Große Wohnung, Garten
Kindertauglich:	ja, unter Aufsicht
Training:	schlau, joggen, Agility

Boston Terrier

Lebenserwartung:	13 - 15 Jahre
Widerristhöhe:	38 - 43 cm
Fellfarbe:	Schwarz-Weiß, gescheckt
Bewegung:	1,5 Std. / Tag
Fellpflege:	1 mal / Woche bürsten
Gesundheit:	Patella Luxation, Augen, Atem
Ernährung:	mehrere Portionen / Tag
Platzbedarf:	genügsam, Garten
Kindertauglich:	ja, unter Aufsicht
Training:	schlau, Agility

Bouvier des Flandres

Lebenserwartung:	10 - 12 Jahre
Widerristhöhe:	59 - 68 cm
Fellfarbe:	Schwarz bis Rehbraun
Bewegung:	> 2 Std. / Tag
Fellpflege:	2 - 3mal / Woche bürsten
Gesundheit:	Augenprobleme
Ernährung:	mehrere Portionen / Tag
Platzbedarf:	große Wohnung, Garten
Kindertauglich:	ja, unter Aufsicht
Training:	schlau, Agility, Mantrailing

Boykin Spaniel

Lebenserwartung:	14 - 16 Jahre
Widerristhöhe:	36 - 46 cm
Fellfarbe:	Braun Schattierungen
Bewegung:	> 2 Std. / Tag
Fellpflege:	2 - 3mal / Woche bürsten
Gesundheit:	Augenprobleme
Ernährung:	mehrere Portionen / Tag
Platzbedarf:	große Wohnung, Garten
Kindertauglich:	ja,
Training:	schlau, joggen, radfahren

Braque d´Auvergne

Lebenserwartung:	10 - 15 Jahre
Widerristhöhe:	53 - 63 cm
Fellfarbe:	Schwarz-Weiß
Bewegung:	1 Std. / Tag
Fellpflege:	pflegeleicht, mal bürsten
Gesundheit:	Ohren evtl. kotrollieren
Ernährung:	Barf, hochwertiges Futter
Platzbedarf:	große Wohnung, Garten
Kindertauglich:	ja
Training:	schlau, Spiele, Aktivitäten

Briard

Lebenserwartung:	10 - 15 Jahre
Widerristhöhe:	56 - 69 cm
Fellfarbe:	Schwarz, Weiß, Tawny
Bewegung:	2 Std. / Tag
Fellpflege:	1 mal / Woche
Gesundheit:	Hüftgelenkdysplasie
Ernährung:	Barf, hochwertiges Futter
Platzbedarf:	große Wohnung, Garten
Kindertauglich:	ja, unter Aufsicht
Training:	schlau, Spiele, Aktivitäten

Broholmer

Lebenserwartung:	8 - 11 Jahre
Widerristhöhe:	70 - 75 cm
Fellfarbe:	Gelb, Rot-Gold und Schwarz
Bewegung:	1 - 2 Std. / Tag
Fellpflege:	gelegentlich bürsten
Gesundheit:	Gelenkdysplasie, Augen, Herz
Ernährung:	mehrere kleine Portionen
Platzbedarf:	große Wohnung, Garten
Kindertauglich:	ja, verspielt
Training:	schlau, Spiele, Agility

Bullmastiff

Lebenserwartung: 8 - 10 Jahre
Widerristhöhe: 61 - 68 cm
Fellfarbe: Stromung, Rehfarbe, Rot
Bewegung: 1 Std. / Tag
Fellpflege: 1 mal / Woche bürsten
Gesundheit: Gelenkdysplasie, Augen
Ernährung: Barf, hochwertiges Futter
Platzbedarf: Große Wohnung, Garten
Kindertauglich: ja
Training: schlau, Spiele, Apportierung

Bullterrier

Lebenserwartung:	10 - 14 Jahre
Widerristhöhe:	45 - 55 cm
Fellfarbe:	Weiß, White & Black Brindle
Bewegung:	>1,5 Std. / Tag
Fellpflege:	1 mal / Woche bürsten
Gesundheit:	Herz, Augen, Nieren, Patella
Ernährung:	Rind-,Huhn-,Truthahnfleisch
Platzbedarf:	Hof, Garten
Kindertauglich:	ja, unter Aufsicht
Training:	schlau, Spiele,

Ca de Bou

Lebenserwartung: 10 - 12 Jahre
Widerristhöhe: 52 - 58 cm
Fellfarbe: Stromung, Falb, Fawn
Bewegung: 1 - 2 Std. / Tag
Fellpflege: 1 - 2 mal / Woche bürsten
Gesundheit: Hüftgelenkdysplasie
Ernährung: Portionen anpassen
Platzbedarf: Hof, Garten
Kindertauglich: ja, unter Aufsicht
Training: schlau, Spiele, Obedience

Cairn Terrier

Lebenserwartung:	12 - 15 Jahre
Widerristhöhe:	23 - 33 cm
Fellfarbe:	Schwarz, Stromung, Weizen,
Bewegung:	1 Std. / Tag
Fellpflege:	1 mal / Woche bürsten
Gesundheit:	Augen, Patella Luxation
Ernährung:	mehrere kleine Portionen
Platzbedarf:	Wohnung, Hof, Garten
Kindertauglich:	ja, unter Aufsicht
Training:	schlau, Spiele, Agility

Cane Corso

Lebenserwartung:	10 - 12 Jahre
Widerristhöhe:	58 - 70 cm
Fellfarbe:	Schwarz, Reh, Hirsch, Grau
Bewegung:	2 Std. / Tag
Fellpflege:	2 mal / Woche bürsten
Gesundheit:	Hüfte, Ellenbogen, Augen,
Ernährung:	keine Getreide, Fleisch
Platzbedarf:	Große Wohnung, Hof, Garten
Kindertauglich:	ja,
Training:	schlau, Spiele, Agility, Rallye

Carolina Dog

Lebenserwartung: 12 - 15 Jahre
Widerristhöhe: 45 - 61 cm
Fellfarbe: Hellbraun, Loh, Beige, Orange
Bewegung: 2 Std. / Tag
Fellpflege: 1 mal / Woche bürsten
Gesundheit: robust
Ernährung: hochwertige Futter, Vitamine
Platzbedarf: aktiver Hund, Hof, Garten
Kindertauglich: ja,
Training: schlau, Spiele, Agility,

Cavachon

Lebenserwartung:	10 - 12 Jahre
Widerristhöhe:	30 - 35 cm
Fellfarbe:	Schwarz, Creme, Apricot
Bewegung:	1Std. / Tag
Fellpflege:	2 -3 mal / Woche bürsten
Gesundheit:	Patellaluxation, Auge, Herz
Ernährung:	hochwertiges Futter,
Platzbedarf:	ruhiger Hund
Kindertauglich:	ja
Training:	schlau, Spiele

Cavalier King Charles Spaniel

Lebenserwartung: 9 - 14 Jahre
Widerristhöhe: 30 - 33 cm
Fellfarbe: Blenheim, Schwarz-Weiss, Rot
Bewegung: 1-2 Std. / Tag
Fellpflege: tägliches intensives bürsten
Gesundheit: Herz, Syringomyelie, Augen
Ernährung: Nass- und Trockenfutter,
Platzbedarf: herumtobenender Hund
Kindertauglich: ja
Training: schlau, Spiele

Cavapoo

Lebenserwartung:	9 - 14 Jahre
Widerristhöhe:	26 - 35 cm
Fellfarbe:	Schwarz - Tan, Rot - Weiß
Bewegung:	1-2 Std. / Tag
Fellpflege:	tägliches intensives bürsten
Gesundheit:	Herz, Augen
Ernährung:	Keine Ansprüche
Platzbedarf:	herumtobender Hund, Hof
Kindertauglich:	ja
Training:	schlau, Spiele, apportieren

Chesapeake Bay Retriever

Lebenserwartung:	10 - 12 Jahre
Widerristhöhe:	53 - 66 cm
Fellfarbe:	Braun, Loh, Sedge
Bewegung:	>1 Std. / Tag
Fellpflege:	wöchentlich bürsten
Gesundheit:	degenerative Myelopathie
Ernährung:	Fleisch, auch Getreide
Platzbedarf:	braucht Bewegung, Hof
Kindertauglich:	ja
Training:	schwimmen, apportieren

Chihuahua

Lebenserwartung: 12 - 20 Jahre
Widerristhöhe: 15 - 23 cm
Fellfarbe: Schwarz, Weiß, Braun, Gold
Bewegung: 1 Std. / Tag
Fellpflege: 1 mal / Woche bürsten
Gesundheit: Herz, Augen
Ernährung: Trocken-, auch Nassfutter
Platzbedarf: braucht wenig Platz, evtl. Hof
Kindertauglich: ja
Training: lernfähig

Chinesischer Schopfhund

Lebenserwartung: 13 - 15 Jahre
Widerristhöhe: 23 - 33 cm
Fellfarbe: Schwarz, Braun, Apricot, Blau
Bewegung: 1 Std. / Tag
Fellpflege: 2 - 3mal / Woche bürsten
Gesundheit: Augen
Ernährung: Trocken-, auch Nassfutter
Platzbedarf: aufgeweckter Hund, Hof
Kindertauglich: ja, nach Training
Training: lernfähig, Agility, Obedience

Chow-Chow

Lebenserwartung:	9 - 15 Jahre
Widerristhöhe:	46 - 56 cm
Fellfarbe:	Schwarz, Braun, Creme, Rot
Bewegung:	1 Std./Tag
Fellpflege:	2 - 3mal / Woche bürsten
Gesundheit:	Ellenbogendysplasie, Augen
Ernährung:	Fleisch mit Gemüse
Platzbedarf:	liebt frische Luft, Hof
Kindertauglich:	nicht direkt, nach Training
Training:	eigenwillig, braucht Führung

74

Ciobănesc Românesc Mioritic

Lebenserwartung:	9 - 15 Jahre
Widerristhöhe:	65 - 70 cm
Fellfarbe:	Weiß - Grau, -Braun,-Schwarz
Bewegung:	1/2 Std. / Tag
Fellpflege:	1 mal / Woche bürsten
Gesundheit:	robust, evtl. Hüftdysplasie
Ernährung:	Fleisch mit Gemüse
Platzbedarf:	liebt frische Luft, Gelände
Kindertauglich:	ja
Training:	ruhiger Hund, reviertreu

Cirneco dell´Etna

Lebenserwartung: 12 - 14 Jahre
Widerristhöhe: 42 - 52 cm
Fellfarbe: Weiß, Reh, Sable, Fawn
Bewegung: 2 Std. / Tag
Fellpflege: 1 mal / Woche bürsten
Gesundheit: robust
Ernährung: Fleisch mit Gemüse
Platzbedarf: liebt frische Luft, Gelände
Kindertauglich: ja
Training: lebhater Hund, Agility

Clumber Spaniel

Lebenserwartung: 10 - 12 Jahre
Widerristhöhe: 43 - 51 cm
Fellfarbe: Weiß, Gelb-,Orange-Weiß,
Bewegung: 1 Std. / Tag
Fellpflege: 2 - 3 mal / Woche bürsten
Gesundheit: Augen, Hüftgelenkdysplasie
Ernährung: Großer Appetit
Platzbedarf: liebt frische Luft, Garten
Kindertauglich: ja, unter Aufsicht
Training: lebhater Hund, apportieren

Cockapoo

Lebenserwartung:	14 - 16 Jahre
Widerristhöhe:	25 - 38 cm
Fellfarbe:	Schwarz, Tan, Weiß, Beige
Bewegung:	1 Std. / Tag
Fellpflege:	1 mal / Woche bürsten
Gesundheit:	Augen, Patellaluxation
Ernährung:	Rinderknocken-Fleisch, Barf
Platzbedarf:	liebt frische Luft, Garten
Kindertauglich:	ja
Training:	lebhater Hund, apportieren

Continental Bulldog

Lebenserwartung: 10 - 12 Jahre
Widerristhöhe: 40 - 46 cm
Fellfarbe: Viele Farben,kein Braun,Blau
Bewegung: 1 - 2 Std. / Tag
Fellpflege: 1 mal / Woche bürsten
Gesundheit: robust
Ernährung: Rinderknocken-Fleisch, Barf
Platzbedarf: liebt frische Luft, Garten
Kindertauglich: ja
Training: lebhater Hund, apportieren

Coton de Tuléar

Lebenserwartung: 14 - 16 Jahre
Widerristhöhe: 22 - 26 cm
Fellfarbe: Schwarz, Weiß, Zitronengelb
Bewegung: 1 Std. / Tag
Fellpflege: 1 mal / Tag bürsten
Gesundheit: Augen, Patellaluxation
Ernährung: keine Besonderheiten
Platzbedarf: Wohnungshund
Kindertauglich: ja
Training: Spiele, Agility, lebhaft

Curly Coated Retriever

Lebenserwartung:	9 - 14 Jahre
Widerristhöhe:	58 - 69 cm
Fellfarbe:	Schwarz, Leberbraun
Bewegung:	>2 Std. / Tag
Fellpflege:	2 -3 mal /Woche bürsten
Gesundheit:	Augen,Hüftgelenkdysplasie
Ernährung:	kleine Portionen, mehrmals
Platzbedarf:	braucht Hof, Garten
Kindertauglich:	ja, unter Aufsicht
Training:	Spiele, Agility, lebhaft

Dackel

Lebenserwartung:	12 - 16 Jahre
Widerristhöhe:	30 - 35 cm
Fellfarbe:	Schwarz, Braun, Loh, Creme
Bewegung:	>2 Std. / Tag
Fellpflege:	regelmäßig bürsten
Gesundheit:	Augen, Pyodermie, Herz
Ernährung:	kleine Portionen, mehrmals
Platzbedarf:	braucht wenig Platz
Kindertauglich:	für Kinder ab 6 Jahre
Training:	Spiele, lebhaft

Dalmatiner

Lebenserwartung:	10 - 13 Jahre
Widerristhöhe:	56 - 61 cm
Fellfarbe:	Weiß-Schwarz, Leberfarben
Bewegung:	>2 Std. / Tag
Fellpflege:	2-3 mal / Woche bürsten
Gesundheit:	Taubheit, Blasen
Ernährung:	2 mal täglich, Harnstoffarm
Platzbedarf:	braucht viel Platz,Hof,Garten
Kindertauglich:	ja, unter Aufsicht
Training:	Spiele, lebhaft

Dandie Dinmont Terrier

Lebenserwartung:	12 - 15 Jahre
Widerristhöhe:	20 - 28 cm
Fellfarbe:	Mustard, Pepper
Bewegung:	1,5 Std. / Tag
Fellpflege:	mehrmals / Woche bürsten
Gesundheit:	Bandscheiben, Augen, Patella
Ernährung:	mehrmals kleine Portionen
Platzbedarf:	wenig Platz, keine Nachbarn
Kindertauglich:	ja, unter Aufsicht
Training:	Spiele, lebhaft, Fährte, Rallye

Dänisch-Schwedischer Hofhund

Lebenserwartung: 12 - 15 Jahre
Widerristhöhe: 30 - 39 cm
Fellfarbe: Weiß-Schwarz, -Braun, -Loh
Bewegung: >2 Std. / Tag
Fellpflege: gelegentlich bürsten
Gesundheit: keine spezifische Probleme
Ernährung: ausgewogenes Futter
Platzbedarf: wenig Platz, keine Nachbarn
Kindertauglich: ja
Training: Spiele, lebhaft, Agility

Deerhound

Lebenserwartung: 8 - 11 Jahre
Widerristhöhe: 70 - 82 cm
Fellfarbe: Grau, Stromung, Rehfarbe
Bewegung: 1 Std. / Tag
Fellpflege: 2 - 3 mal / Woche bürsten
Gesundheit: keine spezifische Probleme,
Ernährung: 2 - 3 Portionen / Tag
Platzbedarf: Haus mit Hof , Garten
Kindertauglich: ja, unter Aufsicht
Training: Spiele, lebhaft

Deutsch Drahthaar

Lebenserwartung:	12 - 14 Jahre
Widerristhöhe:	57 - 68 cm
Fellfarbe:	Weiß-Leber, Schwarz-Weiß
Bewegung:	>2 Std. / Tag
Fellpflege:	mehrmals / Woche bürsten
Gesundheit:	Augen, Hüfte, Epilepsie
Ernährung:	großer Appetit, dosieren
Platzbedarf:	Haus mit Hof , Garten
Kindertauglich:	ja, unter Aufsicht
Training:	Spiele, jagen, apportieren

Deutsch Langhaar

Lebenserwartung: 12 - 15 Jahre
Widerristhöhe: 58 - 70 cm
Fellfarbe: Braun-Weiß, Dark, Roan
Bewegung: >2 Std. / Tag
Fellpflege: 2 - 3 mal / Woche bürsten
Gesundheit: selten Hüftprobleme
Ernährung: ausgewogen, Barfen
Platzbedarf: Haus mit Hof , Garten
Kindertauglich: ja
Training: Spiele, jagen, Hundesport

Deutsche Bracke

Lebenserwartung: 10 - 12 Jahre
Widerristhöhe: 40 - 53 cm
Fellfarbe: Schwarz-Rot-Weiß
Bewegung: >2 Std. / Tag
Fellpflege: regelmäßig bürsten
Gesundheit: Erbkrankheiten nicht bekannt
Ernährung: Frischfutter
Platzbedarf: Haus mit Hof , Garten
Kindertauglich: ja
Training: Spiele, jagen, Hundesport

Deutsche Dogge

Lebenserwartung:	8 - 10 Jahre
Widerristhöhe:	71 - 90 cm
Fellfarbe:	Schwarz, Stromung, Reh, Blau
Bewegung:	2 - 3 Std. / Tag
Fellpflege:	1 mal / Woche bürsten
Gesundheit:	Magen, Herz, Knochenkrebs
Ernährung:	Trocken, Nassfutter
Platzbedarf:	große Wohnung, Hof
Kindertauglich:	ja
Training:	Spiele, Kommandotraining

Deutscher Boxer

Lebenserwartung: 10 - 12 Jahre
Widerristhöhe: 53 - 63 cm
Fellfarbe: Weiß, Stromung, Rehfarbe
Bewegung: 2 - 3 Std. / Tag
Fellpflege: 1 mal / Woche bürsten
Gesundheit: Hüftgelenk, Spondylose
Ernährung: Fleischbasiert, Fisch, Gemüse
Platzbedarf: große Wohnung, Hof, Garten
Kindertauglich: ja, unter Aufsicht
Training: Spiele, Kommandotraining

Deutscher Jagdterrier

Lebenserwartung:	9 - 10 Jahre
Widerristhöhe:	33 - 40 cm
Fellfarbe:	Schwarz bis Dunkelbraun
Bewegung:	>2 Std. / Tag
Fellpflege:	1 mal / Tag bürsten
Gesundheit:	robust
Ernährung:	Trocken- und Nassfutter
Platzbedarf:	große Wohnung, Hof, Garten
Kindertauglich:	ja, unter Aufsicht
Training:	Spiele, Apportieren

Deutscher Pinscher

Lebenserwartung:	12 - 14 Jahre
Widerristhöhe:	43 - 51 cm
Fellfarbe:	Schwarz, Reh, Rot, Braun
Bewegung:	1 - 2 Std. / Tag
Fellpflege:	alle paar Tage bürsten
Gesundheit:	robust, Hüfte untersuchen
Ernährung:	hochwertiges Hundefutter
Platzbedarf:	agiler Hund, Hof, Garten
Kindertauglich:	ja, unter Aufsicht
Training:	Spiele, Joggen, Agility, usw.

Deutscher Schäferhund

Lebenserwartung: 9 - 13 Jahre
Widerristhöhe: 55 - 65 cm
Fellfarbe: Schwarz-, Loh, Braun , Weiß
Bewegung: > 2 Std. / Tag
Fellpflege: mehrmals / Woche bürsten
Gesundheit: Hüft-, Ellbogendysplasie
Ernährung: kleine Portionen, mehrmals
Platzbedarf: agiler Hund, Hof, Garten
Kindertauglich: ja, unter Aufsicht
Training: Spiele, Joggen, Agility, usw.

Deutscher Wachtelhund

Lebenserwartung:	12 - 15 Jahre
Widerristhöhe:	45 - 54 cm
Fellfarbe:	Weiß, Reh, Leber, Braun, Rot
Bewegung:	> 2 Std. / Tag
Fellpflege:	regelmäßig bürsten
Gesundheit:	auf Gelenkprobleme achten
Ernährung:	Fleisch, Nass- und Trockenf.
Platzbedarf:	agiler Hund, Hof
Kindertauglich:	ja, unter Aufsicht
Training:	Radfahren, Joggen, Agility

Dobermann

Lebenserwartung: 10 - 13 Jahre
Widerristhöhe: 63 - 72 cm
Fellfarbe: Schwarz, Weiß, Reh, Red&Rost
Bewegung: > 2 Std. / Tag
Fellpflege: alle paar Tage bürsten
Gesundheit: extrem robust
Ernährung: Fleisch, Nass- und Trockenf.
Platzbedarf: kein Wohnungs-Hund, Hof
Kindertauglich: ja, unter Aufsicht
Training: Agility , Obedience

Dogo Argentino

Lebenserwartung: 10 - 15 Jahre
Widerristhöhe: 60 - 68 cm
Fellfarbe: Weiß
Bewegung: 2 Std. / Tag
Fellpflege: 2 - 3 / Woche bürsten
Gesundheit: Taubheit
Ernährung: frisch gekochtes Hundefutter
Platzbedarf: kein Wohnungs-Hund, Hof
Kindertauglich: ja
Training: Agility , Obedience, Fährte

Drahthaar Foxterrier

Lebenserwartung: 12 - 16 Jahre
Widerristhöhe: 33 - 41 cm
Fellfarbe: Weiß, Braun-, Schwarz- Weiß
Bewegung: 1,5 Std. / Tag
Fellpflege: täglich bürsten
Gesundheit: Patellaluxation, Augen
Ernährung: mehrere kleine Portionen
Platzbedarf: kein Problemhund, Hof
Kindertauglich: ja, unter Aufsicht
Training: Spiele, Ballspiele

Elo

Lebenserwartung:	12 - 15 Jahre
Widerristhöhe:	46 - 60 cm
Fellfarbe:	alle, außer Merle
Bewegung:	3 Std. / Tag
Fellpflege:	regelmäßig bürsten
Gesundheit:	robust
Ernährung:	anspruchlos
Platzbedarf:	kein Problemhund, Hof
Kindertauglich:	ja, unter Aufsicht
Training:	Spiele, braucht Bewegung

Englische Bulldoge

Lebenserwartung: 8 - 10 Jahre
Widerristhöhe: 31 - 40 cm
Fellfarbe: Weiß, Reh, Rot, Piebald, usw.
Bewegung: moderate Bewegung / Tag
Fellpflege: schonend bürsten
Gesundheit: Atmung, Herz, Augen
Ernährung: Fleisch mit Reis
Platzbedarf: Wohnung ohne Treppen
Kindertauglich: ja
Training: Spiele, sparsame Bewegung

Englisch Cocker Spaniel

Lebenserwartung: 12 - 15 Jahre
Widerristhöhe: 38 - 43 cm
Fellfarbe: Schwarz, Orangeschimmel
Bewegung: hohe Bewegungsdrang
Fellpflege: regelmäßig bürsten
Gesundheit: Ohren
Ernährung: hochwertiges Futter, BARF
Platzbedarf: Wohnung ohne Treppen, Hof
Kindertauglich: ja, unter Aufsicht
Training: Spiele, gezielte Belohnung

Englisch Foxhound

Lebenserwartung: 10 - 13 Jahre
Widerristhöhe: 53 - 63 cm
Fellfarbe: Weiß, Dreifarbig, Zitronengelb
Bewegung: hohe Bewegungsdrang, >2 Std.
Fellpflege: gelegentlich bürsten
Gesundheit: Hound-Ataxie, Hüftdysplasie
Ernährung: hochwertiges Futter, Fleisch
Platzbedarf: temperamentvoll, Hof
Kindertauglich: ja
Training: Spiele, lauffreudig

Englisch Mastiff

Lebenserwartung: 6 - 12 Jahre
Widerristhöhe: 70 - 91 cm
Fellfarbe: Stromung, Rehfarbe, Apricot
Bewegung: gemütlich, trotzdem bewegen
Fellpflege: 1 mal / Woche bürsten
Gesundheit: Hüft-, Ellbogendysplasie, Herz, ..
Ernährung: viel Trocken- und Nassfutter
Platzbedarf: benötigt viel Platz, Hof
Kindertauglich: ja
Training: Spiele, Grundkommandos

Englisch Pointer

Lebenserwartung: 12 - 17 Jahre
Widerristhöhe: 53 - 70 cm
Fellfarbe: Schwarz-Weiß, Weiß-Leber
Bewegung: >2 Std. / Tag
Fellpflege: 1 - 2 mal / Woche bürsten
Gesundheit: stabil, robust
Ernährung: Futter mit tierischen Proteinen
Platzbedarf: benötigt viel Platz, Hof
Kindertauglich: ja, unter Aufsicht
Training: Spiele, Fährten, Agility

Englisch Setter

Lebenserwartung: 10 - 12 Jahre
Widerristhöhe: 58 - 69 cm
Fellfarbe: Blue-, Liver-, Orange-Belton
Bewegung: >2 Std. / Tag
Fellpflege: regelmäßig bürsten
Gesundheit: evtl. Taubheit, Hautprobleme
Ernährung: mehrere kleine Portionen
Platzbedarf: benötigt viel Platz, Hof
Kindertauglich: ja, unter Aufsicht
Training: Spiele, Grundkommandos

Englisch Sheperd

Lebenserwartung: 12 - 15 Jahre
Widerristhöhe: 46 - 58 cm
Fellfarbe: Sand-, Schwarz-Weiß,Loh, ..
Bewegung: 1 - 2 Std. / Tag
Fellpflege: 1 mal / Woche bürsten
Gesundheit: evtl. Hüft- und Ellbogendyspl.
Ernährung: 2 - 3 kleine Portionen
Platzbedarf: benötigt viel Platz, Hof
Kindertauglich: ja, unter Aufsicht
Training: Spiele, Grundkommandos

Englisch Springer Spaniel

Lebenserwartung: 12 - 14 Jahre
Widerristhöhe: 46 - 56 cm
Fellfarbe: Weiß-Leber, Schwarz-Weiß
Bewegung: > 2 Std. / Tag
Fellpflege: 2 -3 mal / Woche bürsten
Gesundheit: Augen, Hüft-und Ellbogendyspl.
Ernährung: 2 mal / Tag, Wasser
Platzbedarf: benötigt viel Platz, Hof
Kindertauglich: ja, unter Aufsicht
Training: Spiele, Man-Trailing, Fährte

Entlebucher Sennenhund

Lebenserwartung: 11 - 15 Jahre
Widerristhöhe: 42 - 52 cm
Fellfarbe: Schwarz-Loh-Weiß, Dreifarbig
Bewegung: 1,5 Std. / Tag
Fellpflege: 2 -3 mal / Woche bürsten
Gesundheit: Augen, Hüftdysplasie, Harn
Ernährung: 2 mal / Tag, Wasser
Platzbedarf: benötigt viel Platz, Hof
Kindertauglich: ja
Training: Spiele, Grundkommandos

Épagneul Breton

Lebenserwartung: 12 - 15 Jahre
Widerristhöhe: 46 - 52 cm
Fellfarbe: Schwarz-Weiß,Dreifarbig,Roan
Bewegung: >2 Std. / Tag
Fellpflege: 2 -3 mal / Woche bürsten
Gesundheit: Augen, Hüftdysplasie, Augen
Ernährung: 2 mal / Tag, Wasser
Platzbedarf: benötigt viel Platz, Hof, Garten
Kindertauglich: ja, unter Aufsicht
Training: Spiele, Man-Trailing, Apport.

Épagneul Français

Lebenserwartung:	12 - 14 Jahre
Widerristhöhe:	54 - 63 cm
Fellfarbe:	Roan, Braun, Bran-Weiß, ..
Bewegung:	1 - 2 Std. / Tag
Fellpflege:	3 -4 mal / Woche bürsten
Gesundheit:	robust
Ernährung:	2 mal täglich, Wasser
Platzbedarf:	benötigt Platz, Hof, Garten
Kindertauglich:	ja, unter Aufsicht
Training:	Spiele, Grundsatzkommandos

Epagneul Picard

Lebenserwartung:	12 - 14 Jahre
Widerristhöhe:	55 - 62 cm
Fellfarbe:	Grey, Brown
Bewegung:	>2 Std. / Tag
Fellpflege:	täglich bürsten
Gesundheit:	robust
Ernährung:	2 mal / Tag, Wasser
Platzbedarf:	benötigt viel Platz, Hof, Garten
Kindertauglich:	ja
Training:	Jagdtrain., Apport, Obedience

Eurasier

Lebenserwartung: 14 - 15 Jahre
Widerristhöhe: 48 - 60 cm
Fellfarbe: Schwarz, Reh, Wolf-Sable,...
Bewegung: 2 Std. / Tag
Fellpflege: 1 mal / Woche bürsten
Gesundheit: robust
Ernährung: barfen, Frischkost , Wasser
Platzbedarf: benötigt Platz, Hof, Garten
Kindertauglich: ja
Training: Spiele, Man-Trailing, Agility

Field Spaniel

Lebenserwartung: 10 - 12 Jahre
Widerristhöhe: 43 - 46 cm
Fellfarbe: Schwarz, Leberfarben, Blau
Bewegung: >2 Std. / Tag
Fellpflege: 2 - 3 mal / Woche bürsten
Gesundheit: Augen, Hüfte
Ernährung: 2 mal / Tag, Wasser
Platzbedarf: benötigt Platz, Hof, Garten
Kindertauglich: ja, unter Aufsicht
Training: Spiele, Grundsatzkommandos

Fila Brasileiro

Lebenserwartung: 9 - 11 Jahre
Widerristhöhe: 60 - 75 cm
Fellfarbe: Schwarz, Stromung, Rot, Gelb
Bewegung: 1 - 2 Std. / Tag
Fellpflege: 1 - 2 mal / Woche bürsten
Gesundheit: Augen, Ohren, Zähne prüfen
Ernährung: Fleisch, Knochen, Wasser
Platzbedarf: benötigt Platz, Hof, Garten
Kindertauglich: ja, unter Aufsicht
Training: Spiele, Grundsatzkommandos

Finnen Spitz

Lebenserwartung: 12 - 15 Jahre
Widerristhöhe: 39 - 50 cm
Fellfarbe: Rot - Gold, Rot - Braun
Bewegung: 1 - 1,5 Std. / Tag
Fellpflege: 2 mal / Woche bürsten
Gesundheit: robust
Ernährung: 2 Portionen, Wasser
Platzbedarf: benötigt Platz, Hof, Garten
Kindertauglich: ja, unter Aufsicht
Training: Spiele, Grundsatzkommandos

Finnischer Lapphund

Lebenserwartung: 12 - 14 Jahre
Widerristhöhe: 41 - 52 cm
Fellfarbe: Schwarz, Weiß, Sable, Braun
Bewegung: 1 - 2 Std. / Tag
Fellpflege: 2 - 3 mal / Woche bürsten
Gesundheit: Augen, Hüfte
Ernährung: 2 Portionen, Wasser
Platzbedarf: benötigt Platz, Hof, Garten
Kindertauglich: ja, unter Aufsicht
Training: Spiele, Grundsatzkommandos

Flat Coated Retriever

Lebenserwartung: 8 - 14 Jahre
Widerristhöhe: 56 - 62 cm
Fellfarbe: Schwarz, Leberbraun
Bewegung: 1 - 2 Std. / Tag
Fellpflege: täglich bürsten
Gesundheit: Augen, Hüftgelenk
Ernährung: kleine Portionen, Wasser
Platzbedarf: benötigt wenig Platz,
Kindertauglich: ja, unter Aufsicht
Training: Spiele mit Belohnung

Französische Bulldoge

Lebenserwartung: 11 - 14 Jahre
Widerristhöhe: 24 - 35 cm
Fellfarbe: Schwarz, Stromung, Reh, Loh
Bewegung: 1 Std. / Tag
Fellpflege: 1 mal / Woche bürsten
Gesundheit: Augen, Hüftgelenk, Haut
Ernährung: kleine Portionen, Wasser
Platzbedarf: benötigt wenig Platz,
Kindertauglich: ja, unter Aufsicht
Training: Spiele, Grundkommandos

Galgo Español

Lebenserwartung: 12 - 15 Jahre
Widerristhöhe: 60 - 70 cm
Fellfarbe: Schwarz, Stromung, Beige, Zimt
Bewegung: 2 Std. / Tag
Fellpflege: regelmäßig bürsten
Gesundheit: robust
Ernährung: Fleisch ohne Getreide, Wasser
Platzbedarf: brauchen Auslauf, Hof,
Kindertauglich: ja
Training: Spiele, Grundkommandos

Germanischer Bärenhund

Lebenserwartung: 11 - 13 Jahre
Widerristhöhe: 65 - 85 cm
Fellfarbe: Schwarz, Schwarz-Weiß
Bewegung: 2 Std. / Tag
Fellpflege: regelmäßig bürsten
Gesundheit: robust, Knochenprobleme
Ernährung: Fleisch ohne Getreide, Wasser
Platzbedarf: brauchen Auslauf, Hof,
Kindertauglich: ja
Training: Spiele, Grundkommandos

Glatthaar Foxterrier

Lebenserwartung: 12 - 15 Jahre
Widerristhöhe: 33 - 41 cm
Fellfarbe: Schwarz, Schwarz-, Braun-Weiß
Bewegung: 1 Std. / Tag
Fellpflege: 1 mal / Woche bürsten
Gesundheit: Augen, Patellaluxation
Ernährung: mehrmals kleine Portionen
Platzbedarf: brauchen Auslauf, Hof,
Kindertauglich: ja, unter Aufsicht
Training: Spiele, Grundkommandos

Golden Doodle

Lebenserwartung: 10 - 15 Jahre
Widerristhöhe: 33 - 73 cm
Fellfarbe: Braun, Apricose, Schwarz
Bewegung: 1 - 2 Std. / Tag
Fellpflege: regelmäßiges bürsten
Gesundheit: Augen, Hüfte, Ellbogen, Herz
Ernährung: Fleisch, Knochen Barfen
Platzbedarf: brauchen Auslauf, Hof,
Kindertauglich: ja
Training: Spiele, Grundkommandos

Golden Retriever

Lebenserwartung: 10 - 12 Jahre
Widerristhöhe: 51 - 61 cm
Fellfarbe: Creme, Dunkel-, Hell-Golden
Bewegung: > 2 Std. / Tag
Fellpflege: 2 - 3 mal / Woche bürsten
Gesundheit: Augen, Hüfte, Ellbogen
Ernährung: mehrmals kleine Portionen
Platzbedarf: brauchen Auslauf, Hof, Garten
Kindertauglich: ja, unter Aufsicht
Training: Spiele, Apportieren

Golden Setter

Lebenserwartung:	10 - 12 Jahre
Widerristhöhe:	58 - 69 cm
Fellfarbe:	Schwarz, Loh
Bewegung:	1 - 2 Std. / Tag
Fellpflege:	2 - 3 mal / Woche bürsten
Gesundheit:	Augen, Hüfte, Ellbogen
Ernährung:	mehrmals kleine Portionen
Platzbedarf:	brauchen Auslauf, Hof, Garten
Kindertauglich:	ja, unter Aufsicht
Training:	Spiele, Grundkommandos

Grand Griffon Vendéen

Lebenserwartung: 12 - 14 Jahre
Widerristhöhe: 38 - 44 cm
Fellfarbe: Schwarz, Loh, Schwarz-Weiß
Bewegung: 1 - 2 Std. / Tag
Fellpflege: 1 mal / Woche bürsten
Gesundheit: Augen,Hüfte,Ellbogen,Epilepsie
Ernährung: ausgewogene Kost, Wasser
Platzbedarf: Wohnungshund
Kindertauglich: ja
Training: Spiele, Grundkommandos

Grayhound

Lebenserwartung:	10 - 14 Jahre
Widerristhöhe:	68 - 76 cm
Fellfarbe:	Schwarz, Weiß, stromung, Reh
Bewegung:	1 - 2 Std. / Tag
Fellpflege:	1 mal / Woche bürsten
Gesundheit:	robust, wenige Erbkrankheiten
Ernährung:	kleinere Portionen, Wasser
Platzbedarf:	braucht Platz zum Rennen
Kindertauglich:	ja, unter Aufsicht
Training:	Spiele, Grundkommandos

Griffon Korthals

Lebenserwartung: 10 - 14 Jahre
Widerristhöhe: 50 - 60 cm
Fellfarbe: Grey-Brown, -Tan, Leber, ...
Bewegung: 1 - 2 Std. / Tag
Fellpflege: regelmäßig bürsten
Gesundheit: robust
Ernährung: Fleisch,Reis,Kartoffeln, Wasser
Platzbedarf: braucht Platz zum Rennen
Kindertauglich: ja
Training: Spiele, Laufen, Joggen, Apport.

Groenendael

Lebenserwartung: 13 - 14 Jahre
Widerristhöhe: 56 - 66 cm
Fellfarbe: Schwarz
Bewegung: >2 Std. / Tag
Fellpflege: 2 - 3 mal / Woche bürsten
Gesundheit: Augen, Hüftgelenkdysplasie
Ernährung: großer Appetit, Wasser
Platzbedarf: braucht Platz, Hof, Garten
Kindertauglich: ja, unter Aufsicht
Training: Spiele, Laufen, Joggen, Apport.

Grönlandhund

Lebenserwartung: 9 - 15 Jahre
Widerristhöhe: 51 - 68 cm
Fellfarbe: Schwarz, Weiß, Grau
Bewegung: >2 Std. / Tag
Fellpflege: tägliches bürsten
Gesundheit: Hüftgelenkdysplasie, Magen
Ernährung: 4 - 5 Tassen / Tag
Platzbedarf: braucht Platz, Hof, Garten
Kindertauglich: ja, unter Aufsicht
Training: Spiele, Schlittenhund

Großer Münsterländer

Lebenserwartung: 12 - 14 Jahre
Widerristhöhe: 58 - 65 cm
Fellfarbe: Schwarz-Weiß, Blauschimmel
Bewegung: >2 Std. / Tag
Fellpflege: 1 mal / Woche bürsten
Gesundheit: robust
Ernährung: 2 - 3 Tassen / Tag, Wasser
Platzbedarf: braucht Platz, Hof, Garten
Kindertauglich: ja, unter Aufsicht
Training: Spiele, Agility, Jagdhund

Großer Schweizer Sennenhund

Lebenserwartung: 10 - 12 Jahre
Widerristhöhe: 60 - 72 cm
Fellfarbe: Dreifarbig,Rot-Gelb,Braun-Blau
Bewegung: 1 - 2 Std. / Tag
Fellpflege: 1 mal / Woche bürsten
Gesundheit: Hüft- und Ellbogendysplasie
Ernährung: 2 - 3 Tassen / Tag, Wasser
Platzbedarf: braucht Platz, Hof, Garten
Kindertauglich: ja
Training: Spiele, Grundkommandos

Großpudel

Lebenserwartung: 12 - 15 Jahre
Widerristhöhe: 40 - 60 cm
Fellfarbe: Schwarz,Weiß,Apricot,Creme, ..
Bewegung: 1 - 2 Std. / Tag
Fellpflege: täglich bürsten
Gesundheit: Augen, Hüfte
Ernährung: mehrere kleine Port. , Wasser
Platzbedarf: braucht Platz, Hof
Kindertauglich: ja, unter Aufsicht
Training: Spiele, Agility, Obedience

Großspitz

Lebenserwartung:	12 - 14 Jahre
Widerristhöhe:	42 - 50 cm
Fellfarbe:	Schwarz, Weiß, Braun
Bewegung:	1 Std. / Tag
Fellpflege:	täglich bürsten
Gesundheit:	Augen, Patellalux., Epilepsie
Ernährung:	mehrere kleine Port. , Wasser
Platzbedarf:	braucht Bewegung, Hof
Kindertauglich:	ja, unter Aufsicht
Training:	Spiele, Agility

Hannoverscher Schweißhund

Lebenserwartung: 10 - 14 Jahre
Widerristhöhe: 48 - 55 cm
Fellfarbe: Rot gestromt, Fahl-, Dunkel-rot
Bewegung: 1- 2 Std. / Tag
Fellpflege: regelmäßiges bürsten
Gesundheit: robust
Ernährung: fettreiche Mischung, Wasser
Platzbedarf: braucht Bewegung, Hof
Kindertauglich: ja, unter Aufsicht
Training: Spiele, Suchhund

Harzer Fuchs

Lebenserwartung: 12 - 15 Jahre
Widerristhöhe: 50 - 60 cm
Fellfarbe: Rot, Rot-Schwarz, Rot-Weiß
Bewegung: >1 Std. / Tag
Fellpflege: regelmäßig bürsten
Gesundheit: robust
Ernährung: hohe Fleischanteil, Wasser
Platzbedarf: braucht Bewegung, Hof
Kindertauglich: ja, unter Aufsicht
Training: Spiele, Mantrailing, Apport.

Havaneser

Lebenserwartung: 14 - 16 Jahre
Widerristhöhe: 23 - 27 cm
Fellfarbe: Rot, Rot-Schwarz, Rot-Weiß
Bewegung: 1/2 Std. / Tag
Fellpflege: täglich bürsten
Gesundheit: Augen, Patellaluxation
Ernährung: mehrere kleine Port., Wasser
Platzbedarf: braucht Bewegung, Hof
Kindertauglich: ja, unter Aufsicht
Training: Spiele, Trick-Training, Agility

Hokkaido

Lebenserwartung: 10 - 14 Jahre
Widerristhöhe: 46 - 52 cm
Fellfarbe: Weiß, Schwarz, Sesam, Loh, ..
Bewegung: 2 Std. / Tag
Fellpflege: 2 - 3 mal / Woche bürsten
Gesundheit: robust
Ernährung: 2 mal /Tag, Wasser
Platzbedarf: braucht Bewegung, Hof
Kindertauglich: ja, unter Aufsicht
Training: Spiele, Trick-Training, Jagd

Holländischer Schäferhund

Lebenserwartung: 12 - 14 Jahre
Widerristhöhe: 55 - 62 cm
Fellfarbe: Brindle, Grau, Salz-Pfeffer, Blau
Bewegung: 2 - 3 Std. / Tag
Fellpflege: regelmäßiges bürsten
Gesundheit: robust
Ernährung: Trockenf. 2 mal /Tag, Wasser
Platzbedarf: braucht Bewegung, Hof
Kindertauglich: ja, unter Aufsicht
Training: Spiele, Fährte, Hundesport

Hovawart

Lebenserwartung: 12 - 14 Jahre
Widerristhöhe: 58 - 70 cm
Fellfarbe: Schwarz, Blond
Bewegung: 1 - 2 Std. / Tag
Fellpflege: 2 -3 mal / Woche bürsten
Gesundheit: Hüfte, Schilddrüse
Ernährung: großer Appetit, Wasser
Platzbedarf: braucht Bewegung, Hof
Kindertauglich: ja, unter Aufsicht
Training: Spiele, Obedience, Hundesport

Irischer Wolfdhund

Lebenserwartung: 6 - 10 Jahre
Widerristhöhe: 71 - 86 cm
Fellfarbe: Schwarz, Weiß, Reh, Rot, Grau
Bewegung: 1 Std. / Tag, Sprintmöglichkeit
Fellpflege: wöchentlich bürsten
Gesundheit: Gelenk-, Knochenprobleme
Ernährung: keine Getreide, Wasser
Platzbedarf: braucht Bewegung, Hof
Kindertauglich: ja, unter Aufsicht
Training: Spiele, Hundesport

Irisch Red Setter

Lebenserwartung: 12 - 15 Jahre
Widerristhöhe: 55 - 67 cm
Fellfarbe: Mahagoni, Rot, Chestnut
Bewegung: 2 - 3 Std. / Tag
Fellpflege: täglich bürsten
Gesundheit: Augen, Hüfte
Ernährung: Fleisch, keine Getreide, Wasser
Platzbedarf: braucht Bewegung, Hof
Kindertauglich: ja, Familienhund
Training: Spiele, Hundesport, Obedience

Irisch Soft Coated Wheaten Terrier

Lebenserwartung: 12 - 15 Jahre
Widerristhöhe: 43 - 48 cm
Fellfarbe: Weizenfarbe
Bewegung: 1 Std. / Tag
Fellpflege: 2 - 3 mal / Woche bürsten
Gesundheit: Nieren, Magen-Darm, Haut
Ernährung: 2 Portionen / Tag, Wasser
Platzbedarf: braucht Bewegung, Hof
Kindertauglich: ja, unter Aufsicht
Training: Spiele, Apportieren, Ablegen

Irisch Terrier

Lebenserwartung:	13 - 15 Jahre
Widerristhöhe:	46 - 50 cm
Fellfarbe:	Weizenfarbe, Rot-Weizenfarbe
Bewegung:	1 - 2 Std. / Tag
Fellpflege:	2 - 3 mal / Woche bürsten
Gesundheit:	evtl. Hyperkeratose
Ernährung:	2 Portionen / Tag, Wasser
Platzbedarf:	kleine Wohnung, Hof, Garten
Kindertauglich:	ja, unter Aufsicht
Training:	Spiele, Apportieren, Rückruf

Irisch Water Spaniel

Lebenserwartung:	10 - 12 Jahre
Widerristhöhe:	53 - 61 cm
Fellfarbe:	Leberbraun
Bewegung:	>2 Std. / Tag
Fellpflege:	1 - 2 mal / Woche bürsten
Gesundheit:	Augen, Hüfte
Ernährung:	2 Portionen / Tag, Wasser
Platzbedarf:	braucht Bewegung, Hof
Kindertauglich:	ja, unter Aufsicht
Training:	Spiele, Wettkämpfe

Islandhund

Lebenserwartung: 12 - 15 Jahre
Widerristhöhe: 42 - 46 cm
Fellfarbe: Falb, Rot, Schwarz-Weiß,...
Bewegung: 1 - 2 Std. / Tag
Fellpflege: täglich bürsten
Gesundheit: Augen, Hüfte
Ernährung: 2 Portionen / Tag, Wasser
Platzbedarf: braucht Bewegung, Hof
Kindertauglich: ja
Training: Spiele, Agility, Flyball

Italienische Bracke

Lebenserwartung: 12 - 15 Jahre
Widerristhöhe: 55 - 67 cm
Fellfarbe: Orange-,Chestnut-,Amber-Weiß
Bewegung: 1 - 2 Std./Tag, Bewegungsdrang
Fellpflege: 1 mal / Woche bürsten
Gesundheit: Augen, Gelenkprobleme
Ernährung: mehrmals kleine Port., Wasser
Platzbedarf: braucht Bewegung, Hof
Kindertauglich: ja
Training: Spiele, Mantrailing, Bikejöring

Italienisches Windspiel

Lebenserwartung: 12 - 15 Jahre
Widerristhöhe: 33 - 38 cm
Fellfarbe: Schwarz, Fawn, Reh, Sable, ...
Bewegung: 2 - 3 Std./Tag, Bewegungsdrang
Fellpflege: 1 mal / Woche bürsten
Gesundheit: Zahnprobleme
Ernährung: mehrmals kleine Port., Wasser
Platzbedarf: braucht Bewegung, Hof
Kindertauglich: ja, unter Aufsicht
Training: Spiele, Windhundrennen, Agility

Jack Russell Terrier

Lebenserwartung:	13 - 16 Jahre
Widerristhöhe:	25 - 38 cm
Fellfarbe:	Weiß, Braun-, Schwarz-Weiß
Bewegung:	1 - 2 Std./Tag, Bewegungsdrang
Fellpflege:	regelmäßiges bürsten
Gesundheit:	Patella,Atopie,Augen,Taubheit
Ernährung:	Fleisch, Knochen, Wasser
Platzbedarf:	braucht Bewegung, Hof
Kindertauglich:	ja
Training:	Spiele, Grundkommandos

Jämthund

Lebenserwartung:	12 - 14 Jahre
Widerristhöhe:	52 - 65 cm
Fellfarbe:	Grauschattierungen
Bewegung:	> 2 Std./Tag, Bewegungsdrang
Fellpflege:	2 - 3 mal / Woche bürsten
Gesundheit:	robust
Ernährung:	Fleisch, Knochen, Wasser
Platzbedarf:	braucht Bewegung, Hof, Garten
Kindertauglich:	ja, unter Aufsicht
Training:	Spiele, Grundkommandos

Japan Chin

Lebenserwartung:	12 - 14 Jahre
Widerristhöhe:	20 - 27 cm
Fellfarbe:	Schwarz-Weiß, Mahagoni-Weiß
Bewegung:	1/2 Std./Tag
Fellpflege:	2 - 3 mal / Woche bürsten
Gesundheit:	Atemprobleme, Patella
Ernährung:	kleine Portionen, Wasser
Platzbedarf:	kleine Wohnung, sichere Garten
Kindertauglich:	ja, unter Aufsicht
Training:	Spiele, Grundkommandos

Japan Spitz

Lebenserwartung:	10 - 16 Jahre
Widerristhöhe:	25 - 38 cm
Fellfarbe:	Weiß
Bewegung:	1 Std. / Tag
Fellpflege:	2 - 3 mal / Woche bürsten
Gesundheit:	Patellaluxation
Ernährung:	kleine Portionen, Wasser
Platzbedarf:	kleine Wohnung, Hof, Garten
Kindertauglich:	ja, unter Aufsicht
Training:	Spiele, Grundkommandos

Inhaltsverzeichnis

Inhaltsverzeichnis

Inhaltsverzeichnis

.

Einzelnachweise: Internet